Ankunft (*Arrival*)

Drei Weihnachtslieder (*Three Christmas Carols*)

SATB und Klavier oder Orchester

vocal score

OXFORD
UNIVERSITY PRESS

OXFORD
UNIVERSITY PRESS

Great Clarendon Street, Oxford OX2 6DP,
United Kingdom

Oxford University Press is a department of the University of Oxford.
It furthers the University's objective of excellence in research, scholarship,
and education by publishing worldwide. Oxford is a registered trade mark of
Oxford University Press in the UK and in certain other countries

ISBN 978-0-19-357723-7

Music and text origination by Katie Johnston
Printed in Great Britain on acid-free paper by
Halstan & Co. Ltd, Amersham, Bucks.

Inhalt

Eine Begleitung für kleines Orchester (Fl, Ob, 2Tpt, Pauken, Str) steht zur Verleih. Das Werk alternativ auch von einem Soloklavier begleitet werden kann, das aus der Partitur spielt.

Dauer/*Duration*: *c*.9 mins

Geschrieben für und gewidmet Christian Dürich und dem Ärztechor Ruhr
Uraufgeführt am 14. Dezember 2024, Dortmund

Ankunft (*Arrival*)

1. Dunkelheit (*Darkness*)

Friederike Karig (b. 1977)

BOB CHILCOTT

Dauer/*Duration*: 3.5 mins

Glie - der wür - den lie - ber ge - nie - ßen, was ge - schafft.
limbs seek to re - mem - ber the good things that have past.

Doch dann spür'n wir Ver - bun - den - heit,
But now to - ge - ther we can see

schau - en wir auf ein Kind. Es hält für uns die Hoff - nung be - reit,
a lit - tle child will come. A Sa - viour who is prom - ised to us,

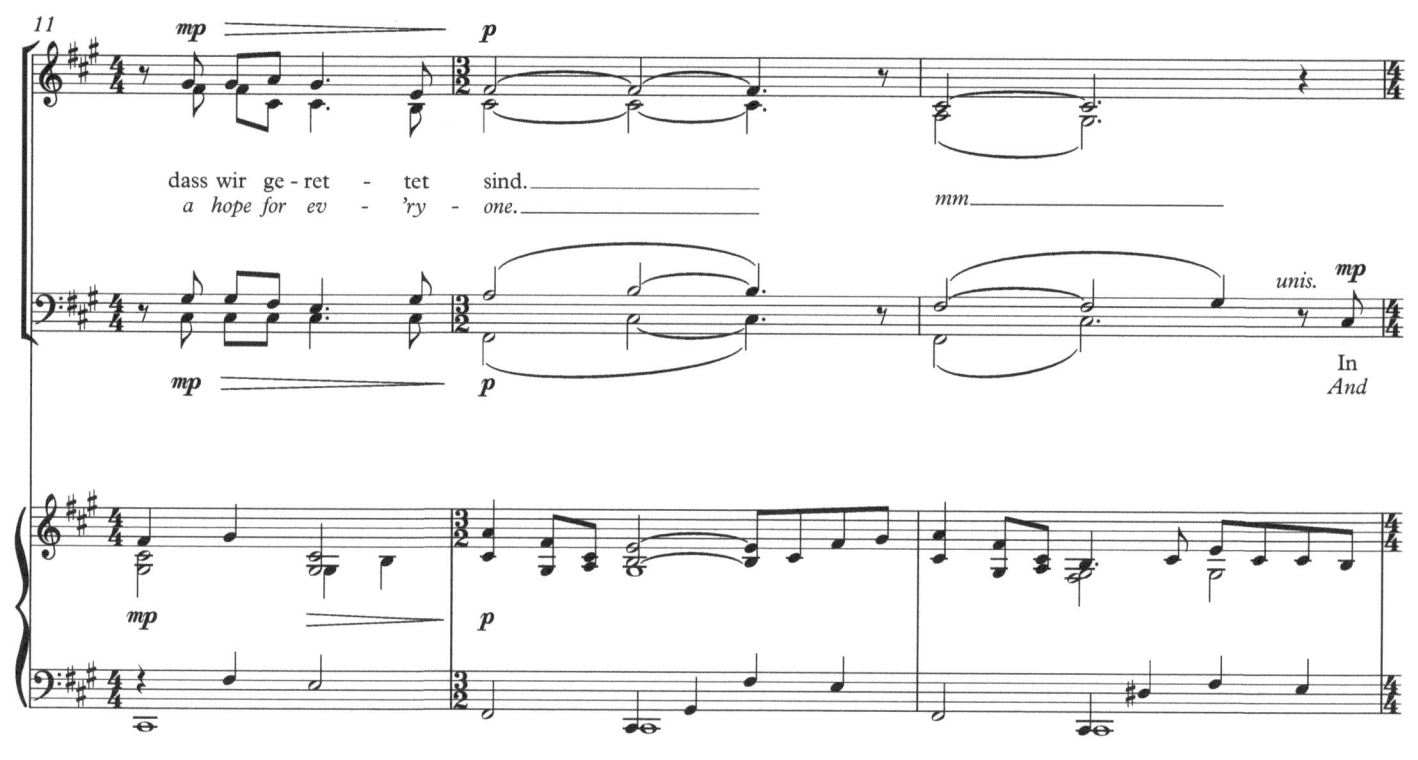

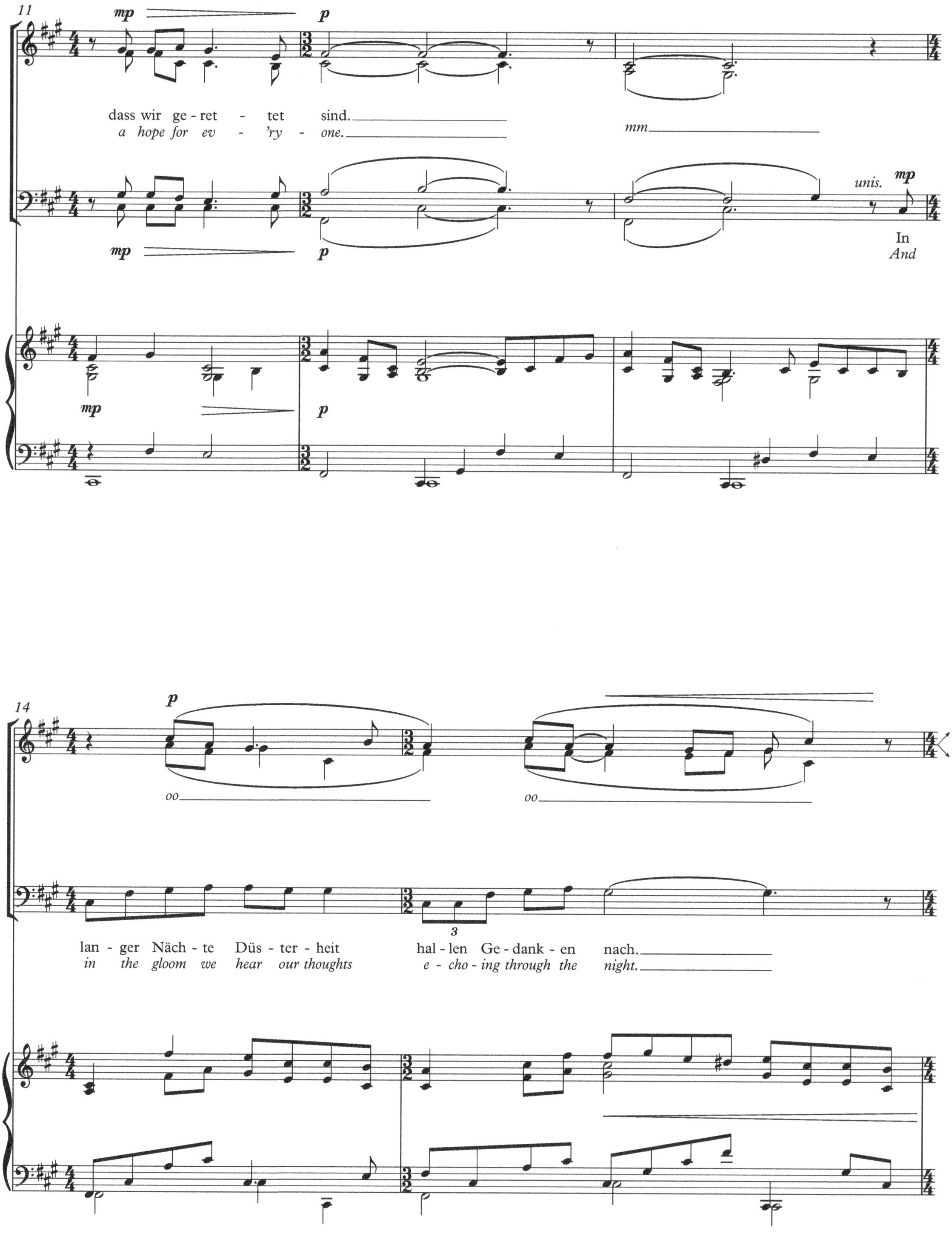

dass wir ge - ret - tet sind._____
a hope for ev - 'ry - one._____

mm_____

unis. **mp**

In
And

mp
p

mp

p

lan - ger Näch - te Düs - ter - heit hal - len Ge - dank - en nach._____
in the gloom we hear our thoughts e - cho - ing through the night._____

oo_____ oo_____

p

schau-en wir auf ein Kind.
a lit-tle child will come.

ah

Es hält für uns die Hoff-nung be-reit,
A Sa-viour who is prom-ised to us,

dass wir ge-ret—tet sind.
a hope for ev-'ry-one.

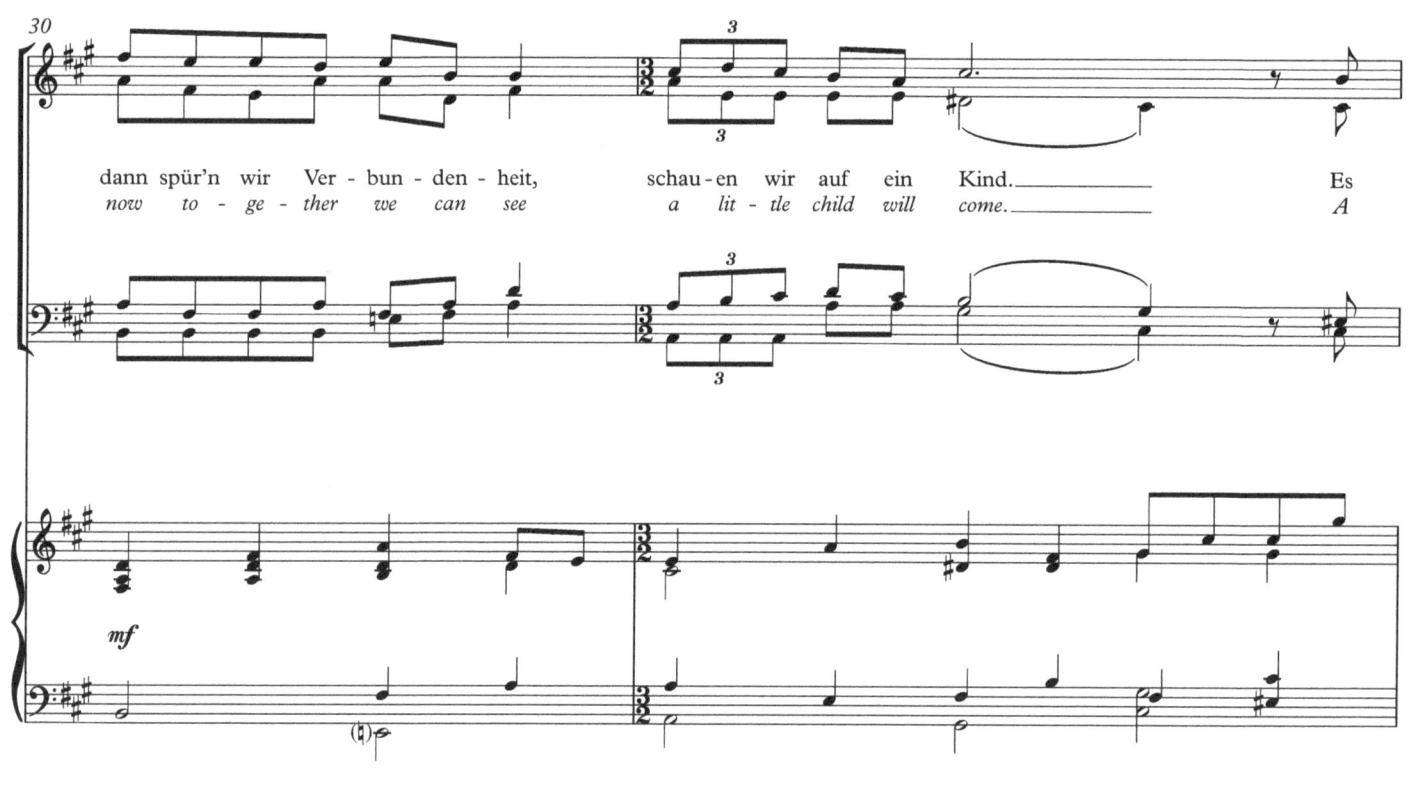

dann spür'n wir Ver - bun - den - heit,   schau - en wir auf ein Kind._____   Es
now to - ge - ther we can see   *a lit - tle child will come._____*   *A*

hält für uns die Hoff - nung be - reit,   dass wir ge - ret - tet
Sa - viour who is prom - ised to us,   *a hope for ev - 'ry -*

dass wir ge - ret - tet
a hope for ev - 'ry -

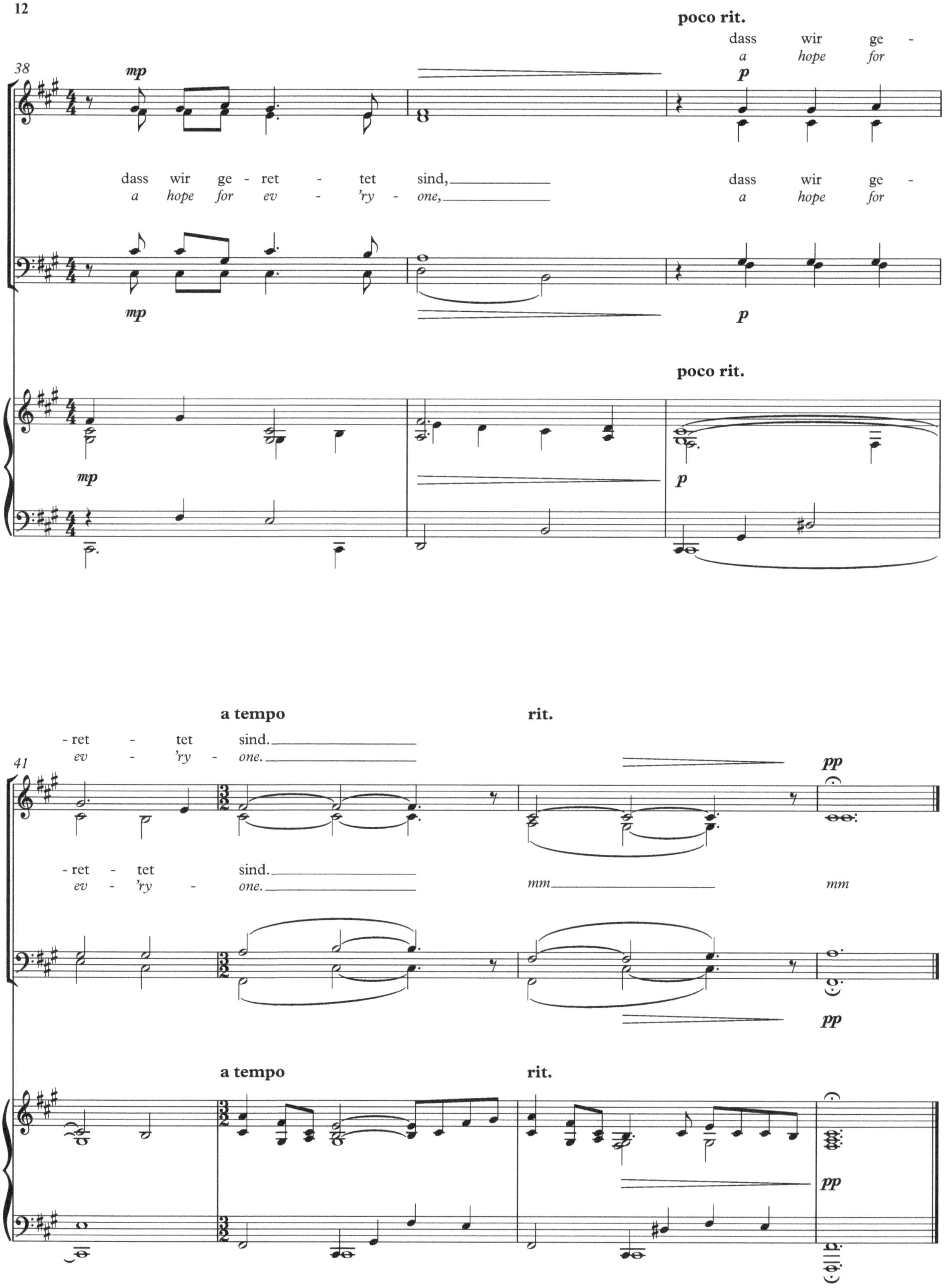
poco rit.
dass wir ge -
a hope for
38
mp
p
dass wir ge - ret - tet sind,
a hope for ev - 'ry - one,
dass wir ge -
a hope for
mp
p
poco rit.
mp
p
a tempo
rit.
- ret - tet sind.
ev - 'ry - one.
41
pp
- ret - tet sind.
ev - 'ry - one.
mm
mm
pp
a tempo
rit.
pp

2. Ein Funke (*A spark*)

Friederike Karig (b. 1977)

BOB CHILCOTT

Ein_ Fun - ke__ glimmt! Springt! Sprüht!_____
A__ spark ap - pears! *Shines!* *Bright!*_____

Wenn es__ nun_ stimmt, lebt, fühlt?_____
And_ will_ it__ bring *life,* *light?*_____

Dauer/*Duration*: 3 mins

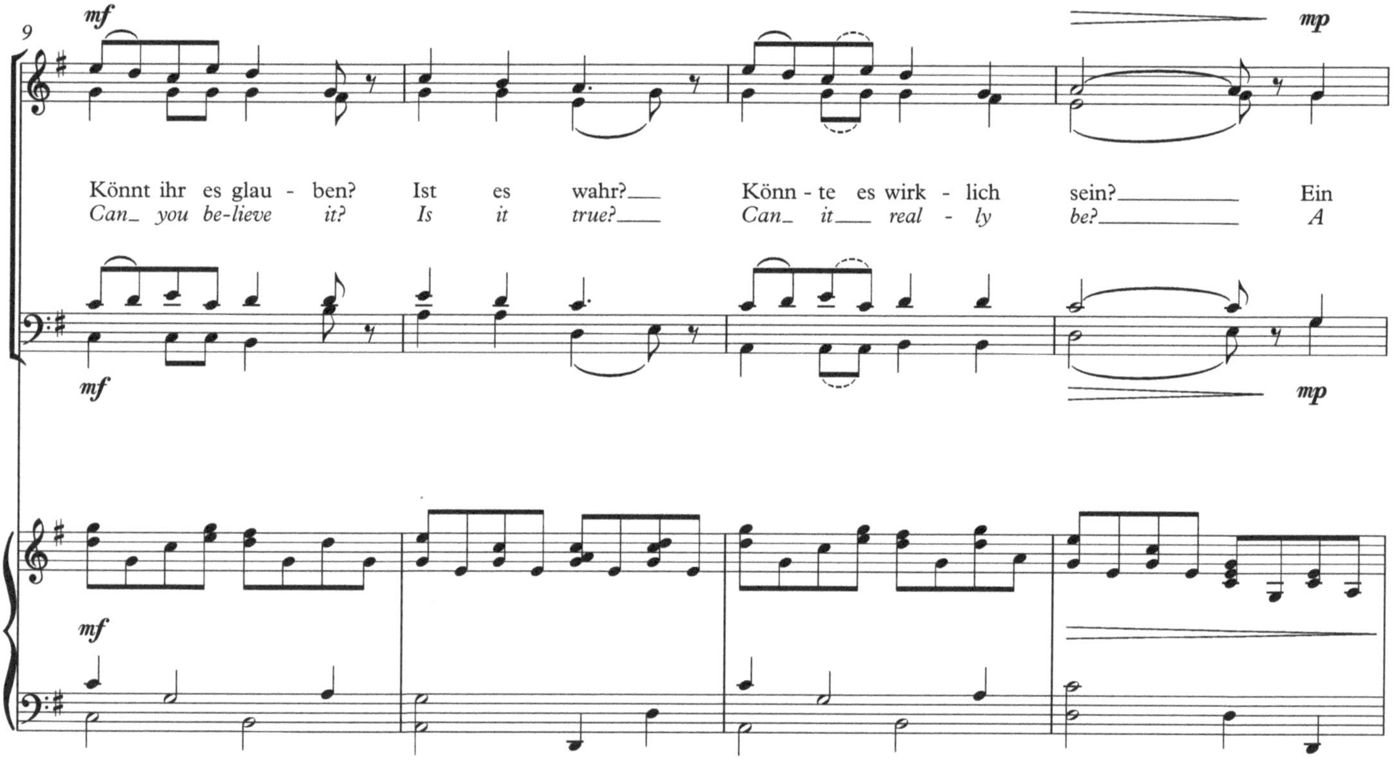

9

Könnt ihr es glau - ben? Ist es wahr?___ Könn - te es wirk - lich sein?___ Ein
Can_ you be-lieve it? Is it true?___ Can_ it__ real - ly be?___ A

al - les an ihm noch so klein,___
born_ to__ set us__ free,___

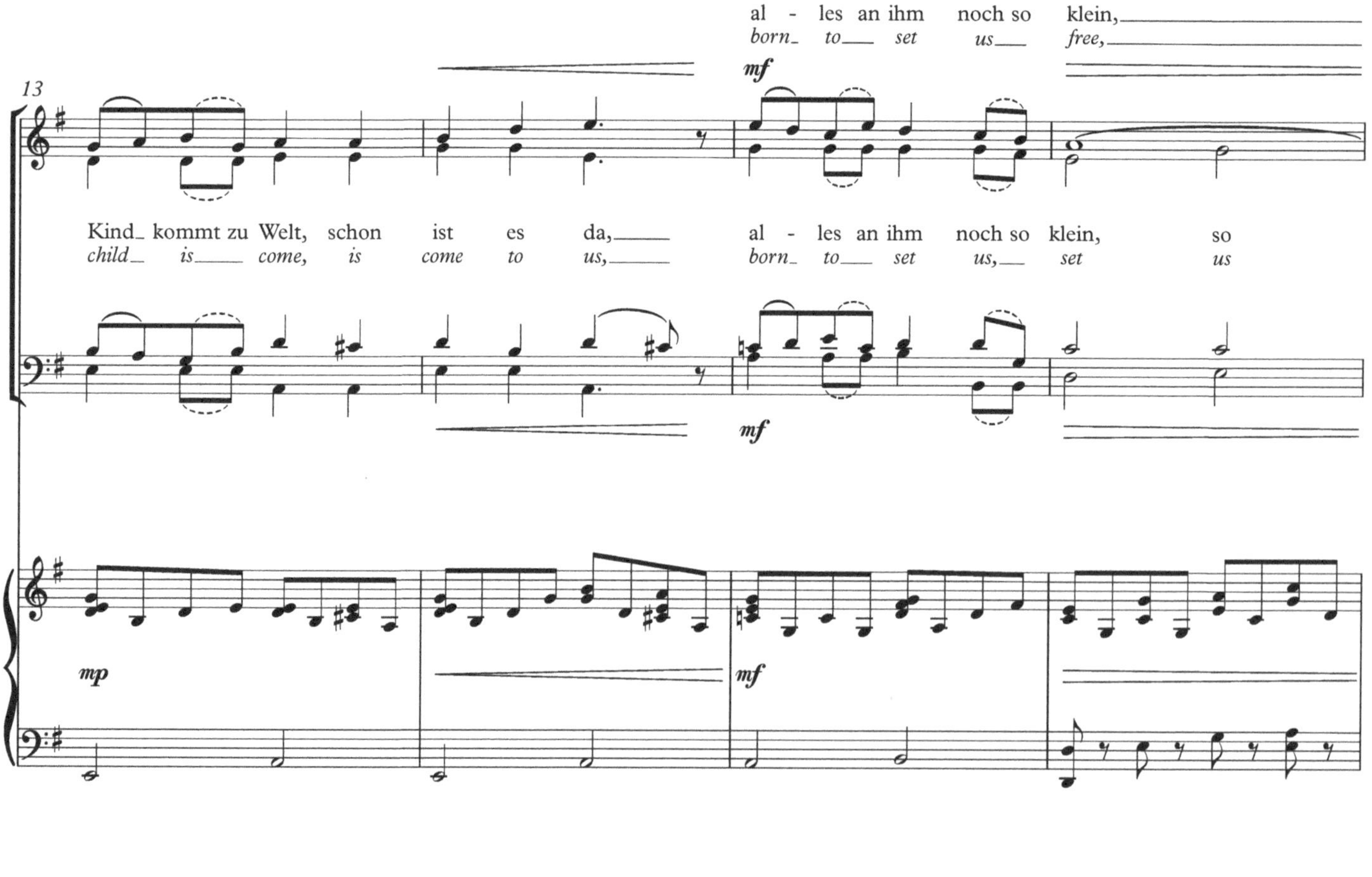

13

Kind_ kommt zu Welt, schon ist es da,___ al - les an ihm noch so klein, so
child_ is__ come, is come to us,___ born_ to__ set us, set us

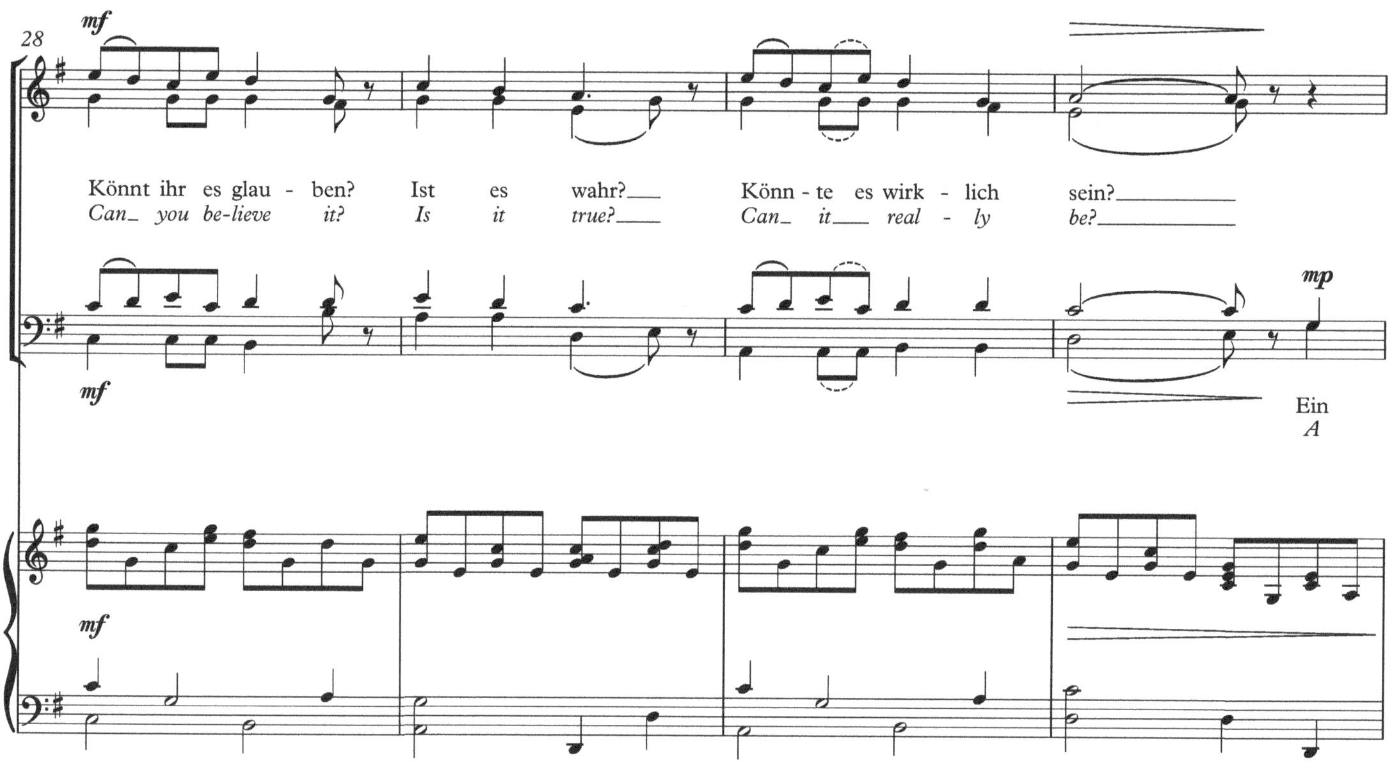
28
mf
Könnt ihr es glau - ben? Ist es wahr? Könn - te es wirk - lich sein?
Can you be-lieve it? Is it true? Can it real - ly be?
mp
mf
Ein
A
mf

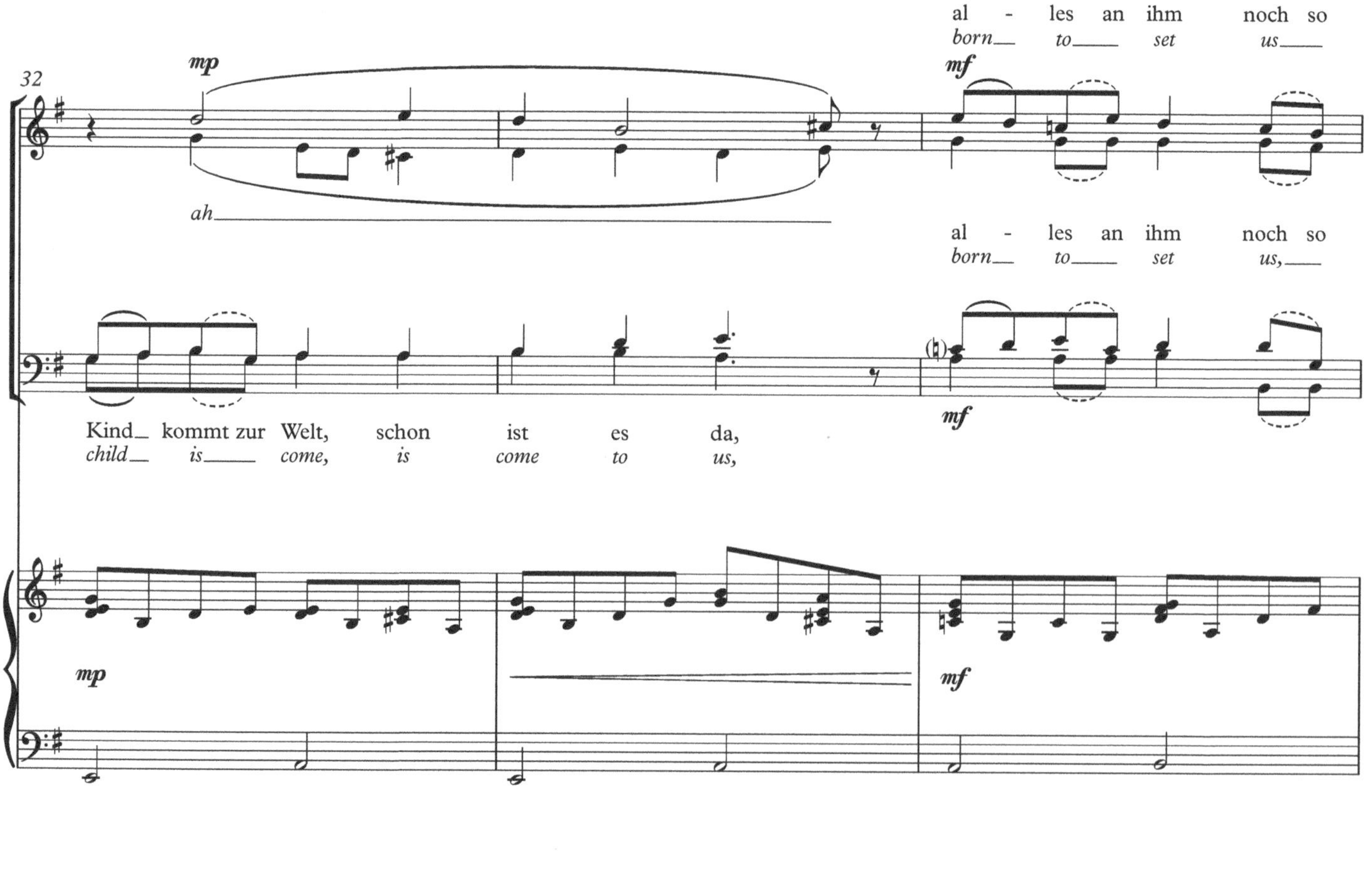
al - les an ihm noch so
born to set us
32
mp
mf
ah
al - les an ihm noch so
born to set us,
Kind kommt zur Welt, schon ist es da,
child is come, is come to us,
mf
mp
mf

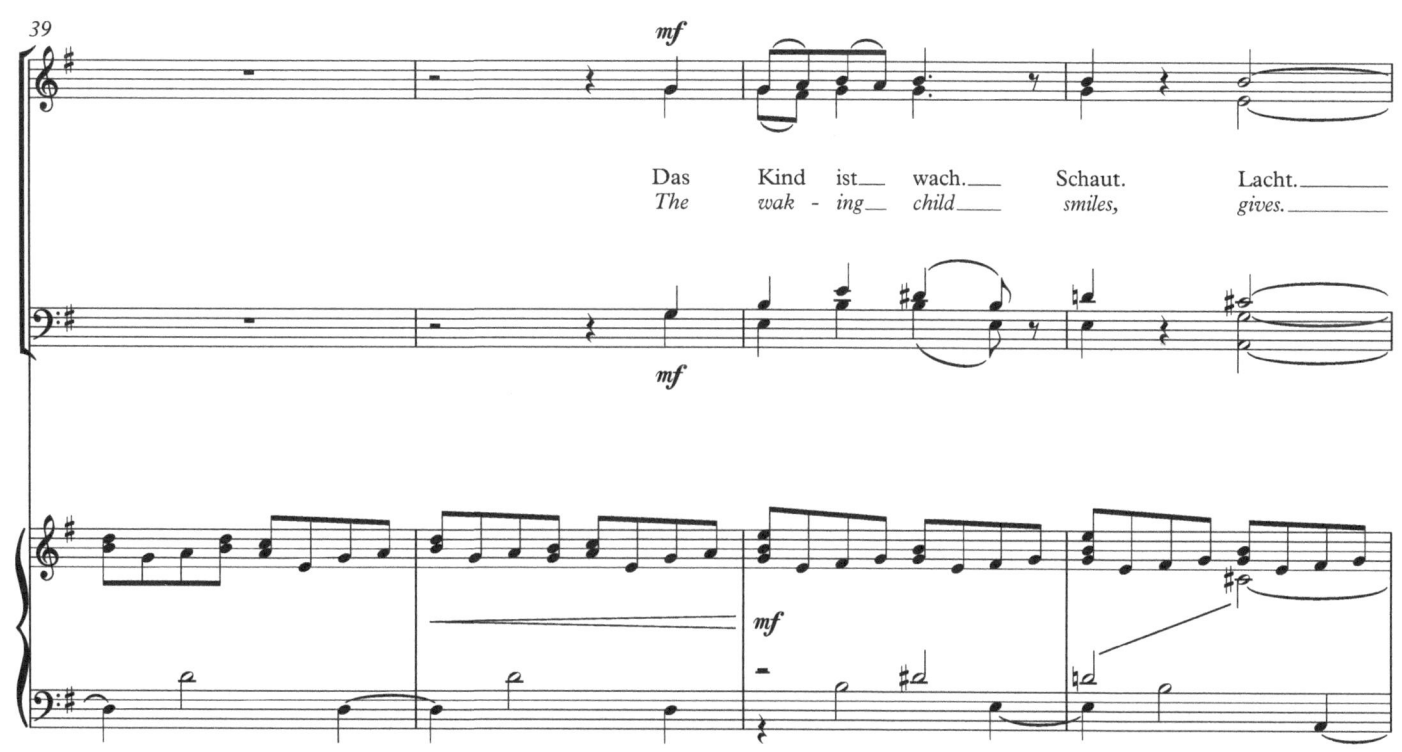

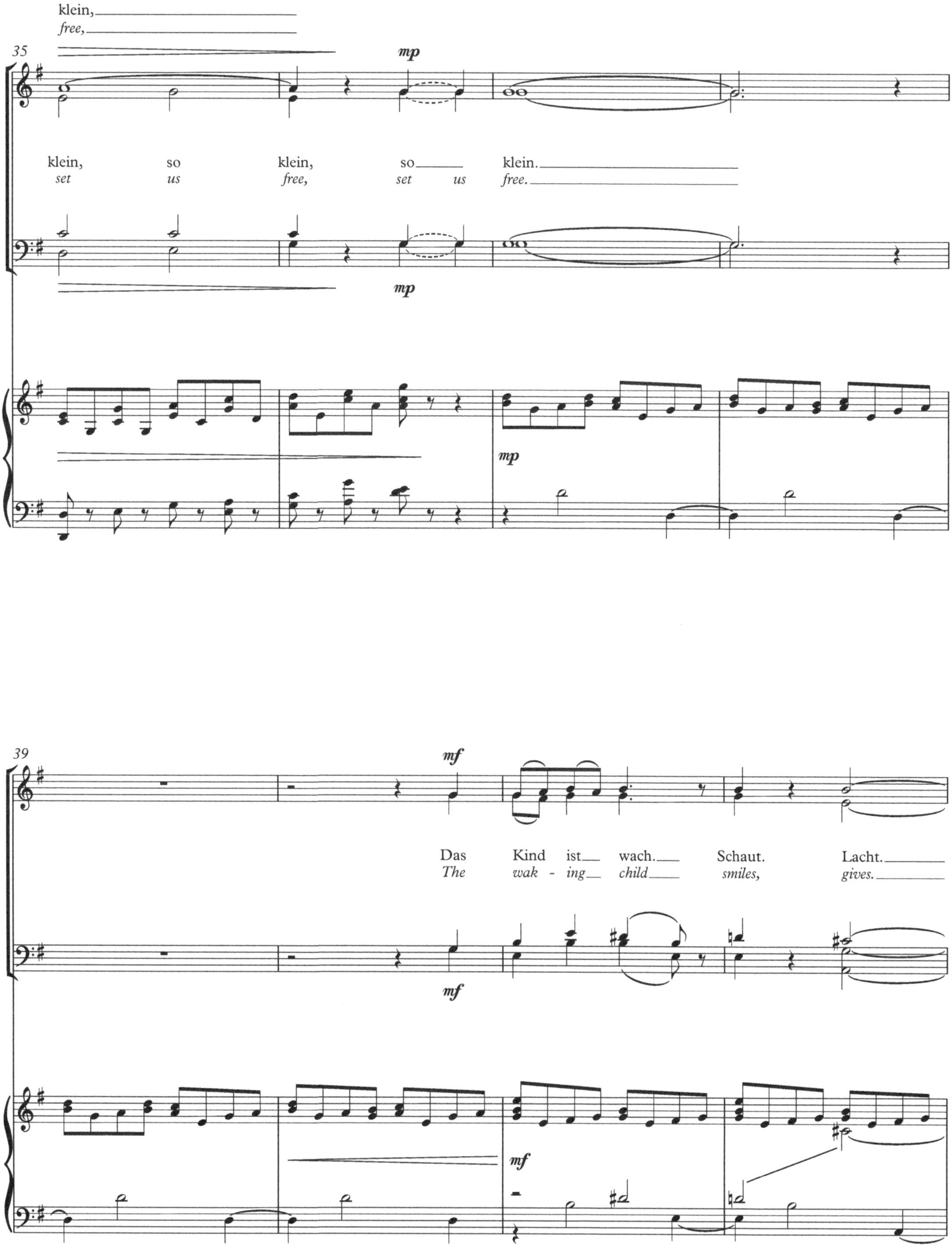
klein,
free,
mp
klein, so klein, so klein.
set us free, set us free.
mp
mp
mf
Das Kind ist wach. Schaut. Lacht.
The wak - ing child smiles, gives.
mf
mf

Weil__ es__ ver - steht,
And__ shows__ to__ us

lebt, liebt.____
love, lives.____

Weil__ es,__ weil es ver - steht,____
And__ shows,__ and__ shows to__ us____

Könnt ihr es glau - ben? Ist es wahr?____
Can__ you be - lieve it? Is it true?____

Könn - te es wirk - lich sein?_____ Ein Kind_ kommt zu Welt, schon
Can__ it__ real - ly be?_____ A child__ is__ come, is

ist es da,_____ al - les an ihm noch so klein._____
come to us,_____ born_ to_ set us__ free,_____

ah_____ ah_____

Könnt ihr es glau - ben? Ist es wahr? Könn - te es wirk - lich
Can__ you be - lieve it? Is it true? Can__ it__ real - ly

58

Ein Kind— kommt zu Welt, schon ist es da,———
A child— is— come, is come to us,———

sein?——————— *mf*
be?———————

mf

al - les an ihm noch so klein,—————————
born— to— set us— free,———————————

mp

61

al - les an ihm noch so klein, so klein, so———
born— to— set us,— set us free, set us

mf

mp

-sinnt euch still,_____ öff - net das In - ner - ste
o - pen   heart,_____   soon   the_____ time_____ is

weit._____   Es ist Zeit!_____
near._____   It   is   here!_____

3. Licht (*Light*)

Friederike Karig (b. 1977)

BOB CHILCOTT

Dauer/*Duration*: 2.5 mins

24

Mut, weil in - ner-lich ein Fun - ke der See - le Gu - tes tut. Weil ein
bring, and so we of - fer prai - ses, to - ge - ther we will sing. For a

neu - ge - bo - re - nes Kind voll Zu - ver-sicht ver - spricht:_____ Ich____
child is gi - ven to us who makes a prom - ise bright:_____ I____

bin das Licht._____
am the light._____

Ver -
Be

56

stre - - ben. | Es ist die Zeit zum In - ne - hal - ten, von
ev - - er. | *Now is the time to feel as one for the*

61

Hoff - nung und von Mut, weil in - ner - lich ein Fun - ke der See - le Gu - tes
hope that it will bring, and so we of - fer prai - ses, to - ge - ther we will

66

tut. Weil ein neu - ge - bo - re - nes Kind voll Zu - ver - sicht ver - spricht:____
sing. For a child is gi - ven to us who makes a prom - ise bright:_____

96

-hal - ten, von Hoff - nung und von Mut, weil in - ner - lich ein Fun - ke der
one for the hope that it will bring, and so we of - fer prai - ses, to-

101

See - le Gu - tes tut. Weil ein neu - ge - bo - re - nes Kind voll Zu - ver - sicht ver-
-ge - ther we will sing. For a child is gi - ven to us who makes a prom - ise

106

-spricht:_____ Ich_____ bin das Licht._____ Es ist die
bright:_____ I_____ am the light._____ Now is the

ff